„Die Eifel hat ihresgleichen nicht"

Sammlung von historischen Texten und Bildern

Sophie Lange (Hrsg.)

Helios

Der Verlag dankt allen, die der Veröffentlichung der Texte und Bilder zugestimmt haben.
Trotz intensiver Bemühungen gelang es nicht in allen Fällen, die Inhaber der Rechte an den Aufsätzen und Bildern zu ermitteln.

Impressum

© Copyright 1999 by
Helios Verlags- und Buchvertriebsgesellschaft
Postfach 39 01 12, 52039 Aachen
Tel.: (02 41) 55 54 26; Fax: (02 41) 55 84 93
Bitte fordern Sie beim Verlag aktuelle Informationen zu lieferbaren Titeln an.

Printed in Belgium

ISBN 3-933608-08-2

Inhaltsverzeichnis

Wiewohl diß ein trefflich rauh Land und birgig ist, stoßt an den Hunsruck und das Lützelburger Land, hat es doch Gott nicht unbegabt gelassen, der dann einem jeden Land etwas gibt, darvon sich die Einwohner mögen betragen und ernehren.

Zu **Bertrick** ist ein warm Bad, den Kranken heylsam, ligt anderthalb Meyl von der Mosel. Unfern von der Graffschafft **Manderscheid**, in den Herrschafften Keila *(Oberkail)*, **Kronenburg** und Sleida *(Schleiden)* im Thal **Hellenthal**, macht man fürbündig gut Schmideysen, man geußt auch Eysen Oefen, die ins Oberlandt Schwaben und Francken verkaufft werden.

Item zwen (zwei) nammhaftiger See seind in dieser Eyfel, einer bey dem Schloß **Ulmen**, und der andere bey dem Closter zum Laich *(Maria Laach)*, die sein sehr tieff, haben kein Einfluß, aber vil Ausflüß, die nennt man Marh, und seind fischreich.

Es schreibt von diesem Land, Doktor Simon Richwin, der es wohl durchfahren und besichtigt hat, also: Diß Land ist von Natur ungeschlacht, rauh von Bergen und Thälern, kalt und mit ungestümem Rägen uberschüttet, aber Wasser von Brunnen halb gar lustig. Die Einwohner seind gar arbeitsam, haben sinnreiche Köpff, wo sie geübt werden, aber sie hangen an dem Ackerbauw und warten des Viechs.

Es hat diß Land gar weiß Vieh und vil Mülch und Molcke. Es hat mehr Fisch dann Wildprät, bringt auch Frücht für sich genug, außgenommen, da es so gar rauh ist, bringt es zimblich Habern (Hafer), aber wenig andere Frücht.

Sebastian Münster *1488 †1552 Basel
Von der Eyfel, in: Cosmographia, Beschreibung aller Länder. 3. Band

Kronenburg
(Stahlstich, 1. Hälfte des 19. Jhrts.)

Glückliche und wüste Eifel

Die Eifel, auch Eiffel, Eiffelt benannt, ein nicht unbedeutender Theil Unter-Germaniens, ist in fast gleichen Zwischenräumen von den Ufern der *Mosel*, des *Rheins* und Roer *(Rur)* begrenzt. Wegen dieser Flußbegrenzung sollen die Einwohner derselben, so wie die inniger benachbarten Landstriche auch Ripuarier (Uferbewohner) genannt worden seyn.

Der ganze Landstrich ist nicht von gleicher Beschaffenheit. Man könnte die Eifel daher, so wie Arabien, in die glückliche und wüste Eifel eintheilen. Erstere erfreut sich einer milden Temperatur, ist nur sparsam mit Waldungen bekleidet, daher zur Kultur geeignet, und zur Hervorbringung fast aller Früchte geschickt. Letztere, mit dicken Waldungen bedeckt, zeigt größtentheils nur kahle und magere Hügel und Berge.

Der Sommer ist in diesen Gegenden mehr trocken als heiß, der Winter lange dauernd und streng. Uebrigens sind beide vorbemerkte Striche der Eifel sich hauptsächlich darin gleich, daß sie sehenswerth wegen ihrer lichten Hügel und der Dicke ihrer Wälder, angenehm wegen der wasserreichen Quellen sind, daß sie sich fischreicher Gewässer und Teiche erfreuen, dem Vieh ein reichliches Futter gewähren, und einen Reichthum an Hornvieh haben.

Die vielen grasreichen Höhen nähren zahlreiche und vorzüglich milchreiche Schafherden. Der Jagd und dem Vogelfange hat die Natur hier gleichsam ihr Feld angewiesen, denn die Thäler sind waldig, die Berge nicht allzu rauh und hoch, und reich an Wildpret aller Art und Geflügel.

Johann Friedrich Schannat *1683 †1738, Hofhistoriker
Eiflia Illustrata, Band 1, Abt. 1
Aus dem Lateinischen übersetzt von Georg Bärsch *1778 †1866, Geschichtsschreiber
von 1819-1834 Landrat in Prüm

Cochem mit Reichsburg
(Holzstich von Rudolf Cronau,
um 1880)

Wohlfahrt und Behagen

Goethe schrieb am 29. Oktober 1792 aus *Trier*: Mein junger Freund (J.H. Wyttenbach), mit dem ich gar manche angenehme wissenschaftliche und literarische Unterhaltung genoß, war auch im Geschichtlichen der Stadt und Umgebung gar wohl erfahren. Unsere Spaziergänge bei leidlichem Wetter waren deshalb immer belehrend, und ich konnte mir das Allgemeine merken.

Die Stadt an sich hat einen auffallenden Charakter. Sie behauptet, mehr geistliche Gebäude zu besitzen als irgendeine andere von gleichem Umfang, und dieser Ruhm möchte ihr wohl kaum zu leugnen sein, denn sie ist innerhalb der Mauer von Kirchen, Kapellen, Klöstern, Konventen, Kollegien, Ritter- und Brüdergebäuden belastet, ja erdrückt; außerhalb von Abteien, Stiften, Karthausen blockiert, ja belagert. Der Ursprung der Stadt verliert sich in die Fabelzeit; das erfreuliche Lokal mag früh genug Anbauende hierher gelockt haben. Die Trevierer waren ins römische Reich eingeschlossen, erst Heiden, dann Christen, von Normannen und von Franken überwältigt, und zuletzt ward das schöne Land dem Römisch-deutschen Reiche einverleibt. Über die große Brücke, auch noch im Altertum gegründet, führte man mich im heitersten Momente; hier nun sieht man deutlich, wie die Stadt auf einer mit ausspringendem Winkel nach dem Fluß zu drängenden Fläche, welche denselben gegen das linke Ufer hinweist, erbaut ist. Nun überschaut man vom Fuße des Apolloberges Fluß, Brücke, Mühle, Stadt und Gegend, da sich die noch nicht ganz entlaubten Weinberge, sowohl zu unseren Füßen als auf den ersten Höhen des Martisberges gegenüber, gar freundlich ausnahmen und anschaulich machten, in welcher gesegneten Gegend man sich befindet, und ein Gefühl von Wohlfahrt und Behagen erweckten.

Johann Wolfgang von Goethe *1749 Frankfurt †1832 Weimar, Dichter, Naturforscher

Trier um die Jahrhundertwende
(vom Petersberg gesehen)

1819   Dunkle Pfade

Am folgenden Morgen ersteigen wir die erste Anhöhe der jetzigen Eifel. Früher hieß das ganze Gebirgsland zwischen *Maas, Rhein* und *Mosel* die Eifel; in neuerer Zeit beträgt ihr Umfang nur 50 preußische Quadratmeilen. Eine wahre Lüneburger Bergheide! Wir können stundenlang gehen und finden dann erst ein Haus, meilenweit und finden ein Dorf oder Städtchen. Überall kleine Berge, Heidekraut, Sandsteppen, dunkle Tannen, dürftig bebautes Feld, wenig Vieh, und Menschen beinahe gar nicht. In *St. Vith* erzählt man uns, daß die Wölfe aus den Ardennen herüber fleißige Besuche machten. Bald diesseits *Malmedy* ist die Landessprache deutsch, der niederrheinischen Mundart ähnelnd. Das Wetter scheint sehr unbeständig hier zu sein; wir können kaum eine kurze Strecke wandern, wo uns nicht ein Regenwetter überfällt, und dann haben wir gewöhnlich keinen weiteren Schutz als einen niedrigen Birkenbusch. Die trostlosen Aussichten und langen Wege, ohne Gelegenheit und Mittel, sich erquickend auszuruhen, ermüden sehr.

Wir gehen auf dunklen Pfaden in die Nacht hinein, wissen gar nicht mehr, ob wir uns verirrt haben oder bald ein Ziel unserer heutigen mühsamen Tagesreise sehen werden. Als wir den letzten Berg ersteigen, steht der bleiche Mond vor uns, von einem farblosen Regenbogen umgeben. Eine seltene Naturerscheinung, die uns zuerst wieder gesprächig macht; denn traurig und stumm war bisher einer dem andern gefolgt. Die Lichter unten im Tale und die kaum hervor dämmernden Häusergruppen der Stadt *Prüm*, wie unsere matten Glieder an dieser Wahrnehmung erstarken! Die Idee: du bist am Ziel! hat eine alles aufregende, belebende Kraft.

Hoffmann von Fallersleben *1798 Fallersleben †1874 Corvey (Weser), Volksdichter
In: Dr. Schmidt: Hoffmann von Fallersleben in der Eifel, in: Eifelkalender 1942

Bauernhof bei Beverce (Malmedy)
(Vorkriegsaufnahme; Foto: Fagnoul, Malmedy)

1844

Bergauf, bergab

Von **Münstereifel** bis zum Städtchen **Blankenheim** wandert man gute vier Stunden. Man steigt bergauf, bergab, in den Gründen rauschen Bäche und liegen Dörfer an grünen Auen, doch geht es immer höher bergan, bis man das anmutige **Blankenheim** vor sich sieht.

Hier ist man auf der Höhe der Eifel, 1800 bis 2000 Fuß über dem Rheinspiegel. Hier und in der nächsten Nachbarschaft, im Abstand von ein bis zwei Stunden voneinander, entspringen viele Flüsse, die in nördlicher oder südlicher Richtung nach verschiedenen Weltgegenden ablaufen; nördlich die *Ahr, Erft, Olef, Rur,* deren Wasser dem *Rhein* zulaufen, südlich die *Lieser, Kyll, Prüm, Nims, Sauer,* die sich alle in die *Mosel* ergießen. Manche Täler auf diesen Bergeshöhen sind wunderschön, hier und da ragen auch einzelne mit Wald bekränzte Kuppen hervor, aber der größere Teil dieser Gegend besteht aus kahlen Heiden und öden Hügeln, worüber der Wind durch das Heidekraut und Wacholdersträucher hinpfeift. Daher heißt dieser Bezirk nicht zu Unrecht die "Wilde oder Hohe Eifel".

Gegen die schärfsten Winde durch hohe Waldberge geschützt, lehnt **Blankenheim** sich an ein grünes Gehänge und hat unter sich spiegelhelle Teiche und bunte Wiesen, weiterhin aber hohe Bergkuppen ringsumher, alle mit grünem Wald bekränzt. Das nette Städtchen mag im Winter, wenn diese Berge von Wölfen durchheult werden, winterlich genug aussehen, in der fröhlichen Jahreszeit macht es einen gar heiteren, man möchte sagen fast südlichen Eindruck.

Ernst Moritz Arndt *1769 Schoritz (Rügen) †1860 Bonn
Dichter, Historiker, Politker
Rhein- und Ahrwanderungen, 1844

Blankenheim um 1830.
(Stich von J. N. Ponsart)

Die Eifel ist an Sagen reich, was leicht erklärlich, da sie einen für Sagen besonders fruchtbaren Grund und Boden der Vorzeit darbot.

Diese fand hier vorerst eine Menge seltsamer Naturgegenstände: Gewässer, schauerlich tief, von hohen Bergkesseln umschlossen; Klüfte und Höhlen, worin nie ein Strahl der Sonne drang; ungeheure Felsblöcke, bald zerstreut über die Erde hingelagert, bald übereinandergelegt und hoch aufgetürmt; sie fand ferner Burgen mit majestätischen Thürmen und gewaltigen Mauern, zahlreich auf schroffen und unzugänglichen Höhen erbaut, und darin hausend ein kühnes, rüstiges, fehdelustiges und thatenreiches Rittergeschlecht und herrschend über die Gaue des gebirgigen und waldbedeckten Landes; sie fand endlich, fern vom Geräusche der Welt in stiller Einsamkeit, Klöster mit herrlichen Tempeln, Orte der Andacht, der Kunst und Wissenschaft und den Werken der christlichen Barmherzigkeit geweiht und durch ihre Segnungen wundersam verherrlicht.

Dies und Anderes mehr war es, was hier Stoff und Anregung zu Sagen reichlich bot.

Diese (Sagen-)Sammlung wird insbesondere den Bewohnern der Eifel, sofern sie Freunde heimathlicher Sagen sind, nicht unwillkommen sein; für diese ist sie denn zunächst bestimmt.

Johannes Hubert Schmitz *1807 Manderscheid †1882 Zell/Mosel
Heimatforscher, Sagensammler
Pfarrer von 1838 - 1857 in Gillenfeld, dann Zell/Mosel
Vorwort zu: Sagen des Eifellandes, 1847

Münstereifel, Rathaus.
(Vorkriegsaufnahme; Foto: Schmitz)

Kräftiger Gebirgsstock

Die wellenförmige Eifelhochebene ist nun aber auf allen Punkten durch eingeschnittene Täler belebt; in diesen tiefen zackigen Rinnen läuft eine Menge Gewässer, kleine Sturzbäche und auch größere Flüßchen, zum *Rhein* und zur *Mosel* hinab. Solche Bachtäler haben einen von der Hochebene völlig verschiedenen Charakter. In ihrer Tiefe empfinden sie den Wind minder stark, die Luft ist milder, das Land ergiebiger. Dort sind schöne grüne Weiden, es kommen edlere Getreidearten vor, und selbst feine Obst- und Gartenfrüchte gedeihen an sonnigen Stellen. Am reichsten ist mit all dem das Tal der *Ahr* bedacht: sie teilt sogar mit allen Nebenflüssen des mittleren Rheines die Ehre des Weinbaues.

Ein Zug der Eifelberge ist vor allem charakteristisch. Dies ist eine Bergkette, die ungefähr sechs Stunden lang aus der Gegend von **Münstereifel** bis nach **Nürburg** und **Kelberg** sich fortzieht, im Ganzen mit gerader Linie und in gleicher Höhe, nur daß da und dort aus dem eintönigen Grauwackenplateau das Erdfeuer den Basalt hervorgestoßen hat, der nun über dem dichtbewaldeten neptunischen Kamm in schwarzen, oft nackten Kuppen stolz emporragt. Solche Kuppen sind die höchsten Punkte des ganzen Eifellandes; die mächtigste, die *Hohe Acht,* steigt auf 746 m über dem Meeresspiegel; der ganze Bergzug wird Hocheifel genannt.

Im Schoß dieses kräftigen Gebirgsstocks entspringt die *Ahr.* Ihr Tal steigt meist in Gestalt einer engen Felsrinne vom *Rhein* herauf, bis es in einem allwärts geschlossenen Bergkessel vor einem nicht hohen, aber stark ansteigenden Felsen endet.

Gottfried Kinkel *1815 Oberkassel bei Bonn †1882 Zürich
Universitätsprofessor für Kunstgeschichte, Politiker, Publizist
Die Ahr, 1849

Von der Höhe des Steinerberges läßt uns der Maler durch das Kesslinger Tal zu der sagenumwobenen Hohen Acht hinüberschauen. In klarer Fernsicht liegt der höchste Berg der Eifel vor uns. (Gemälde von Prof. G. I. Kern.)

Die Kultur des Bodens

Die Eifel ist ein Hochland, welches hauptsächlich die Kreise **Daun, Bitburg** und **Prüm** im Regierungsbezirke **Trier**, die Kreise **Schleiden, Malmedy** und **Montjoie** im **Aachener** Regierungsbezirk umfaßt und bis zum Anfange des neunzehnten Jahrhunderts ein rauher, wenig kultivierter Landstrich war. Seitdem durch die Vernichtung des Feudalwesens und durch Anlegung von Kunststraßen die Bewohner der Eifel sich frei und leicht bewegen können, hat die Kultur des Bodens merklich zugenommen. Auch ist seit der Vereinigung mit Preußen durch die Hebung des Schulwesens für die Bildung des Geistes vieles geschehen.

Selbst auf den höheren Abflachungen, welche 1200 Fuß und mehr über der Meeresfläche liegen, sind Ackerbau und Waldkultur in erfreulichem Zunehmen. Nur kleinere Ortschaften und isolierte Gehöfte in den schlechteren Distrikten entbehren noch mitunter jene Mittel zum Fortschritte, welche eine friedengesegnete Zukunft bei weiterm Anbau des Bodens zu bringen vermag. Auch noch bis zu den Hochflächen 1600 Fuß über der Meereshöhe ist die Eifel bewohnt und allenthalben findet man zwischen unfruchtbaren Berghöhen und waldigen Abhängen Triften (Weideland) und Ackerbau. An vielen Stellen finden sich Schätze des Mineralreichs, besonders Eisen, Blei, Mangan, Kalkstein, Marmor u.a., deren Gewinnung viele Familien nährt, häufig aber noch wegen Mangel von Verbindungsstraßen langsam betrieben wird.

Wie überhaupt durch die Aufhebung des Feudalwesens, mit welchem die ganze Eifel wie mit einem ehernen Netze überzogen war, so hat dieser Landestheil besonders durch den Wegfall der Patronatrechte an sittlicher Kraft gewonnen.

Jakob Katzvey *1791 Firmenich †1873 Kalk, Gymnasialdirektor
Geschichte der Stadt Münstereifel und der nachbarlichen Ortschaften, 1854

Daun

(von der Pützborner Höhe aus gesehen. Postkarte aus der Zeit vor 1918.)

1884 In stiller Majestät

Auf hoher Felsenkuppe stehend, erblicken sie zu ihren Füßen ein tiefes, wildromantisches Thal, durch welches sich die *Lieser* mühevoll hindurch windet. Bald zieht das Flüßchen gleich einem perlendurchwirkten Silberband in weitem Bogen um den Fuß bewaldeter Berge, bald zwängt es sich schäumend durch enge, scharfwinkelige Schluchten.

Aus dunklem Wälderkranze erheben sich vom Thale zwei von dem Bach in gewundener Schlangenlinie umflossene, kühn aufsteigende Felsen, auf deren Stirnen die altersgrauen Grafenhäuser von Manderscheid mit starken Ringmauern und stolzen Thürmen thronen. Die Natur scheint diesen fast unzugänglichen Felsen eigens für die Rittersitze geschaffen zu haben, deren kühner, fester Bau sogleich verräth, daß sie nicht nur als Stätte des Friedens errichtet wurden; eine gesicherte Stelle gegen feindliche Angriffe und eine schönere und gleichzeitig geschütztere Lage gegen die rauhen Eifelstürme konnte nicht leicht gefunden werden. Auf der den Burgen gegenüberliegenden Bergeshöhe am Anfang der Ebene liegt das liebliche **Manderscheid,** von schönen, wohlgepflegten Fluren und Gärten umgeben. Dahinter erhebt sich hoch und hehr der erloschene Vulkan *Mosenberg.* In blauer Ferne, so weit das Auge reicht, reihen sich in buntem Wechsel Gebirge und Wälder, Wiesen und Fluren. In stiller Majestät umrahmen hohe Eifelberge das unvergleichlich schöne Panorama und verhindern scheinbar den Blick, in die Unendlichkeit zu dringen. Über all' dieser Pracht und Herrlichkeit weht ein Hauch von Wehmuth und erwecket in der Menschenbrust ein himmlisches Sehnen nach sonnigen, nur geahnten Fernen.

Antonie Haupt, *1853 Trier †1932 Hannover
Romanschriftstellerin
Die letzte Gräfin von Manderscheid, 1884

Manderscheid.
(Zeitgenössische Darstellung von J. N. Ponsart um 1834)

1888   Großartige Naturschönheiten

Bei den alten Schriftstellern kommt der Name Eifel oder Eiflia gar nicht vor, und hieß das Gebiet, welches wir heutzutage im Allgemeinen so nennen, bei den Römern "Ardennen" oder "Ardennenwald", "Arduenna silva". Dieser Ardennenwald, unter dem indeß nicht ausschließlich etwa Walddistrikte gedacht werden dürfen, dehnt sich nach Caesar und dem griechischen Geographen Strabo zwischen dem *Rhein,* der *Mosel* und der *Maas* aus.

In neuerer Zeit hat man für die Eifel eine bestimmtere Begrenzung gewählt, nämlich von **Virneburg** über **Adenau**, *Michelsberg,* **Münstereifel, Zingsheim,** über die Höhe von Montjoie **(Monschau)**, *Raeren, Bütgenbach, Neuerburg, Kyllburg, Manderscheid,* dann die Mosel-Berge entlang bis **Cochem** und zurück auf **Virneburg**. Aber auch diese Grenzen sind nicht territorial, klimatisch oder historisch begründet, und es fällt schwer, den richtigen Faden zur Umgürtung dieses Länderstrichs zu finden. Fragt man die Anwohner selbst, so bleibt man völlig in Unkenntniß, denn in dem falschen Wahn, die Eifel sei ein von der gebildeten Menschheit mißachtetes, von der Vorsehung vernachlässigtes, armseliges Stück Erde, will niemand als Bewohner der Eifel gelten. Bekanntlich schieben die Grenzbewohner mit vornehmer Miene dies angebliche Sibirien der Rheinprovinz so viel wie möglich von sich ab bis in den nicht zu bestreitenden Kernpunkt der "Hohen Eifel" resp. "Schneifel", wo rauhe Winde und Torfsümpfe den Wanderer empfangen. Trotz alledem ist die Eifel ein durch großartige Naturschönheiten, Poesie und Geschichte im höchsten Grade anziehendes, durch metallurgische Schätze und Quellen-Reichthum gesegnetes, in geognostischer Hinsicht ganz einzig dastehendes Stückchen Land auf Gottes weiter Erde.

Carl Schorn: * 1823 †?, Landgerichts-Kammerpräsident
Eiflia Sacra 1888

Hier, inmitten Blankenheims, das sich mit seinen engen Gassen, alten Stadttoren und hübschen Fachwerkhäusern seinen mittelalterlichen Charakter bewahrt hat, entspringt in einem Keller ein Flüßchen: die muntere Ahr.
(Foto-Ehlen, Blankenheim)

1889　　　　　　　　　　　　　　　　Herrliche Wälder

Und nun die Wälder der Eifel! Wenn wir emporsteigen zum Gipfel der *Hohen Acht,* dem höchsten Basaltberge jenes romantischen Hochlandes, oder den prächtigen *Mosenberg* bei **Manderscheid** erklimmen, dann sehen wir es vor uns liegen, das unvergleichlich schöne Stück Erde mit seinen tausend Reizen. Wie lockend winkt uns das zauberische Grün der Berge und Thäler entgegen, wie reizvoll ist das Farbenspiel der dunklen Tannenforste, die langgestreckt die Höhen bedecken, und der herrlichen Eichen- und Buchenwälder, die wir da machtvoll sich ausbreiten sehen über die zahllosen blauumhauchten Berge. Wer von hohem Felsen herniederschaut auf die Eifelwälder, die da die alten vulkanischen Massen mit Dunkel umhüllen, die urmächtig dastehen auf schroffen Thalwänden, auf freien Höhen auf welligen Flächen sich hinziehen weit bis zum Horizonte, wo sanfte Lichter sie umspielen, der möchte laut aufjubeln ob dieses wundersamen Anblicks, der das Herz erhebt und berückend auf die Sinne wirkt.

Wer diesen Eifelzauber in seiner ganzen packenden Gewalt kennen lernen will, der begebe sich in der Dämmerung in die Schluchten und Thäler jenes wild-romantischen, an Gegensätzen reichen Vulkanlandes. Zu dieser Zeit, wenn tiefes Schattengewebe sich um Hügelrücken und Bergkuppen spinnt, wenn weiche, satte Farbentöne die Dinge rings umkleiden und im Dunsthauch die Formen verschwommen und unbestimmt erscheinen, dann wirkt er grandios, beängstigend, unheimlich. Wer zu solcher Stunde den rechten Gebrauch von seinen Augen zu machen versteht, der kann sie sitzen und gespenstig huschen sehen, die winzigen Erdgeister, welche es immer wieder zur Oberfläche treibt.

Hermann Rehm: Das Hochland der Eifel, 1889.
Weitere Bücher: Monschau, Rurtal, Malmedy

Dem Eifelwald wird heute nicht mehr Holz entnommen als an Nachwuchs durch systematische Pflege hinzukommt. Das war nicht immer so. Verkohlung der Laubbäume für die Eisenerzschmelze, Vernichtung des Nachwuchses an Jungstämmen durch Rinder-, Schaf-, Ziegen- und Schweinehaltung hatten dem Wald jahrhundertelang arg zugesetzt.
(Foto: Fredy Lange, 1935)
Text zum Bild: Heinz Schmitz (Hrsg.): Damals in der Eifel - Wiederentdeckte Eifel-Fotos von Fredy Lange, Aachen 1998.

1892 Bescheidenes Veilchen

Die Eifel möchte ich vergleichen mit dem Veilchen, das im Stillen erblüht, nicht die allgemeine Aufmerksamkeit auf sich zu ziehen sucht, wohl aber den, der es aufsucht, durch seine Reize zu erfreuen weiß.

Früher fast nur den Geologen bekannt, die in dem vulkanischen Teile des Hochlandes mit Leopold von Buch "ein Land ohne Gleichen" an belehrenden Naturformen und Erscheinungen sahen, wird jetzt die Eifel vielfach aufgesucht von Wanderen und müden Städtebewohnern, die sich in der frischen Waldesluft wieder erholen wollen; alle diese kehren heim, vollauf befriedigt und entzückt von den Schönheiten, die sie in dem sonst verrufenen Hochlande so unvermutet gefunden haben.

Tief eingeschnittene, vielgewundene Thäler, die Abhänge mit Wald bedeckt, die Bergspitzen mit den Trümmern zahlreicher Burgen gekrönt, hoch emporragende Spitzen mit weiten Fernsichten, freundliche Dörfer, ausgedehnte Hochwaldungen, die wunderbarsten Formen von vulkanischen Gesteinsbildungen, tiefe Kraterseen, alle diese Dinge erwartet man sicher nicht, wenn man über die öden Flächen des Hochlandes wandert; ist aber doppelt erfreut und entzückt durch die ungeahnten und unerwarteten landschaftlichen Bilder. Dazu kommen die Erinnerungen an eine große historische Vergangenheit, überall trifft der Wanderer die Spuren einer früheren hohen Kultur.

Wahrlich es lohnt sich, neben der Bewunderung für den Glanz und die Herrlichkeit der Rose *"Rhein"* auch dem stillen bescheidenen Veilchen "Eifel" Beachtung zu schenken.

Dr. Adolf Dronke, *1837 Koblenz †1898 Neuenahr
Gymnasiallehrer (Trier)
Erster Eifelvereinsvorsitzender von 1888 bis 1898
Bilder aus der Eifel, 1892

Oos, 1935 (Kreis Daun).
Die Kornkasten warten auf die Einfuhr in die Scheune. Im heißen Sonnenschein kümmern die Rüben. In wegbegleitenden Obstbäumen findet die ehemalige Zugehörigkeit der Eifel zu Preußen ihren Nachhall. Sie wurden auch noch zu einer Zeit gepflanzt, als eine preußische Verordnung, die zu einer Bepflanzung der Wegränder mit Obstbäumen verpflichtete, keine Geltung mehr hatte. Wenn das Obst reif war, hat es der Gemeindevorsteher Baum für Baum zugunsten der Gemeindekasse versteigert.
(Foto: Fredy Lange)
Text zum Bild: Heinz Schmitz (Hrsg.): Damals in der Eifel - Wiederentdeckte Eifel-Fotos von Fredy Lange, Aachen 1998.

1893   Besser als ihr Ruf

Alles in Allem halten wir das Volk für religiöser und sittlicher als in vielen andern Gegenden, wobei wir den äußern Verhältnissen nicht das kleinste Verdienst zuschreiben; wäre das Klima milder, das Land fruchtbarer, das Volk wohlhabender, dann wäre es ohne Zweifel auch - verkehrter.

Das ist die Eifel, wie wir sie in vieljährigem Aufenthalte kennengelernt haben. Ist sie auch nicht das irdische Paradies, und hat dasselbe auch nicht auf den Eifelbergen gelegen, so ist sie dennoch besser als ihr Ruf. Hier hat der Alterthumsfreund ein reiches Feld für seine Forschungen bezüglich der römischen und deutschen Vorzeit und bezüglich alter Sagen und Gebräuche; den Naturforscher bietet Berg- und Thalformation, und nicht minder die reiche Flora ein unerschöpfliches Gebiet des Studiums; der Naturfreund findet in der großartigen, wechselvollen Landschaft die reinsten Genüsse, und die Geistlichen wie auch die weltlichen Beamten sind auf einen Boden gestellt, wo ihnen die Arbeit nicht schwer gemacht ist, da ein verständiges und leitsames Volk sich leicht die Wege führen läßt, welche die rechtmäßige Obrigkeit ihm vorzeichnet. Thorheit ist es also, sich der Eifel zu schämen, und Undankbarkeit dazu. Was aber die seelsorgliche Thätigkeit in der Eifel betrifft, so ist uns mancher Pfarrer bekannt, der jetzt am vielumworbenen *Rhein* und der schönen *Mosel* wohnt, oder auch im fetten "Niederlande", der oft genug mit stiller Sehnsucht wieder an seine "Pönitenzpfarre" (Bußleistungspfarre) in der Eifel denkt und an den dort genossenen Frieden. Andern Beamten mag zuweilen ein ähnlicher Wunsch kommen, wenn er auch nicht immer so bestimmt und deutlich mit dem Munde ausgesprochen wird, wie er im enttäuschten Herzen aufsteigt.

Johannes Becker, Pfarrer in Hallschlag
Die Eifel vom historischen und kirchlichen Standpunkte, 1893

Hillesheim
(historische Ansichtskarte - Sammlung H. H. Rosenkranz, Hillesheim)

1894　　　　　　　　　　　　　Sprudelnde Mineralquellen

Als die letzten, noch in der Gegenwart andauernden Nachwirkungen der Vulkane der Eifel sind die zahlreichen Mineralquellen zu betrachten. In grösster Zahl finden sie sich dort, wo sich ehemals die vulkanische Thätigkeit am lebhaftesten abspielte, in der vulkanischen Vordereifel. Ihre Zahl wird allein im Kreise *Daun* auf etwa 500 geschätzt. Die meisten sind eisenhaltige Säuerlinge, einige enthalten vorwiegend Kochsalz. Nur wenige treten als warme Quellen zu Tage; es sind diejenigen von *Bertrich* im Uessbachthale und von *Neuenahr*.

Fast ausnahmslos entspringen sie in den tief eingeschnittenen Thälern des devonischen Gebirges. Im Brohltal und im Kyllthal bei *Gerolstein* wurden in neuerer Zeit mehrere Bohrlöcher gestoßen, die ungemein starke, kohlensäurereiche Quellen ergaben, welche als geschätzte Tafelwasser versandt werden. Eine ganz bedeutende Industrie hat sich im Brohlthal zur Gewinnung flüssiger Kohlensäure entwickelt, an mehreren Stellen treten sogenannte Mofetten auf, Ausströmungen von Kohlensäure ohne Quellen. Die bekannteste ist wohl diejenige im Gerolsteiner Walde, welche vor mehreren Jahren gefasst und dem *Birresborn*er Mineralbrunnen zugeführt wurde.

Die Flüsse und Bäche der Eifel gehören den Flussgebieten der *Mosel*, des *Rhein*s und der *Maas* an. Die Höhenverhältnisse der Thäler dieser drei Ströme zeigen, dass seit Beginn der Thalbildung, der an den Anfang der Diluvialzeit zu setzen ist, die weitgehendsten Veränderungen der durchflossenen Gebirge stattgefunden haben. Sie treten nämlich aus Gebieten in das rheinische Schiefergebirge, die bedeutend niedriger sind als dieses selbst.

Dr. Otto Follmann *1856 Landscheid, †1926 Koblenz (?), Geologe
Die Eifel, 1894

Gerolstein, Kyllbrücke.
(Ansichtskarte aus der Zeit vor 1907 - Sammlung Heinz Regnery, Jünkerath)

1900　　　　　　　　　　Hochentwickelte Kultur

Kein deutsches Land bietet mannigfaltigere Naturschönheiten als grade die Eifel. Zahlreiche Gewässer durchziehen hier liebliche Wiesenthäler und durchbrechen hohe Felsenklüfte; stattliche Ruinen stolzer Rittersitze zieren ihre Bergesspitzen, weite Forsten bedecken die Abhänge der Höhen und gewähren dem Blicke des Wanderers in der Ferne einen wohlthuenden Ruhepunkt. Gewaltige Lavablöcke liegen umhergestreut und geben uns Kunde von der dunklen Vorzeit, und ausgebrannte, jetzt mit Wasser gefüllte Krater bieten Naturobjekte von ganz eigenartigem Reize. So gewährt eine Durchstreifung der Eifel vielseitigen Genuß. Der Naturfreund findet hier reiche Abwechslung in der Pflanzen- und Tierwelt, dem Geschichtsliebhaber gestatten die zahlreichen Ruinen von Burgen und Klöstern mit ihren noch erhaltenen Denkmälern und Urkunden einen Rückschluß auf die hochentwickelte Kultur, auf das blühende geistige und ritterliche Leben der Eifel im Mittelalter, der Geologe erhält durch die mannigfaltigen und wunderbaren Formen der vulkanischen Gesteinsbildungen den dankbarsten Stoff zu seinen Forschungen.

Bis in die neueste Zeit hinein blieb die Eifel unberührt vom großen Weltverkehr, still und zurückgezogen lebten ihre Bewohner, schlicht und redlich ihr ländliches Gewerbe betreibend, und in jedem Dorfe spann und wob bis zu den letzten Jahrzehnten jedes Haus thatsächlich sein Leinen und die gewöhnliche Bekleidung selbst. So haben sich nun eine Reihe von Volksüberlieferungen im Eifelland erhalten.

Michael Zender, * 1866 Daleiden, †1932 Beuel
Lehrer in Bonn, Rektor
Schriftleiter der Eifelvereinszeitschrift
Die Eifel in Sage und Dichtung, 1900

Die im Reifferscheider Burg-
bering stehende spätgotische
Kirche ragt mit ihrem schlanken Kirchturm und dem run-
den Ecktürmchen markant
über die Eifelhöhen hinweg.
(Vorkriegsfoto: Marta Kranz,
Bonn)

1900

Wildgeborene Eifel

In dumpfem Dröhnen grollt's unter der Erde - wie ferner Donner. Näher und näher - schwellend, wachsend! - Krachend, knatternd, ein Schlag! Schwarzrot des Himmels sturmgepeitschte Nebelmasse im Brausen und Heulen der rasenden Naturkräfte. Dehnend reckt sich die Erde - bebt und senkt sich. Ein Atemzug der Natur! Donner, Krachen! Berstend ein Riss, eine Kluft. Grollend, polternd bricht's aus dem Schlunde - rauchend, fauchend, in kochendem Wassergischt und prasselnder Feuersäule. Felsen in feuriger Glut wirbeln sich überschlagend im singenden Aschenregen wie Geschosse in schwindelnde Höhe. Kreisende Blöcke türmen sich zu Bergen - klaffende Trichter gähnen aus feuernder Tiefe - ein Wälzen und Werden - ein heiliger Moment in der Geschichte der Ewigkeit - die Geburt der Eifel.
Eine neue Epoche bricht an. Die Eifel ist da, ist zum Licht geboren, aber die nährende Mutterbrust liegt in Todesstarre. Oede und wild die Lava-verschweissten Basaltblöcke. Schwarz und finster die Kratermaare, düster die gähnenden Trichterschlünde. Die Eifel ist da, aber die Zeit ihrer Entwicklung ist noch nicht gekommen. Langsam, ganz langsam dämmert der Morgen herauf. Raunend streicht der Wind darüber hin, erst flüsternd, wie im Kosen. Schmeichelnd trägt er die Nahrung herbei - Erde - irgendwo fern hat er sie genommen. Dann wird er lauter, dringender, wie im Werben um diese schöne, starre Natur. Mit Sturmesbrausen kommt er gezogen und senkt in die Erde den treibenden Samen blühenden Lebens. Der Himmel gibt seine Geschenke zum Hochzeitsfest der wildgeborenen Eifel, goldene Sonnenstrahlen, perlendes Nass.

Emmi Elert *1864 Bremen †1927 Bad Bertrich
Romanschriftstellerin
Führer durch das Königl. Bad Bertrich, das Moseltal und die vulkanische Eifel. 1900

Weinfelder Maar
(historische Postkarte)

1902

Gestorbenes Bergland

Auf der Höhe gen *Schmidtheim* zu ist's selbst im Sommer öde. Nicht Schatten, nicht Bäumerauschen; die Wälder sind zurückgeblieben in geschützteren Strichen, übers kahle Plateau mit seinen hungrigen Ginsterbüschen und dem verbrannten Heidekraut streicht frei der herbe Eifelwind. Jetzt ist er zum Schwert geworden, zum scharfen Schwert, das die Brust verwundet und das Gesicht zerschneidet. Es ist November. Und es schneit.

Schräg fallen die Flocken, vom Nordost getrieben; aber sie fallen dicht und unablässig und schichten die weiße Last immer höher und höher, die auf der erstarrten Erde liegt. Kein Weg, kein Meilenstein, alles ist verweht. Nur dürftige Ebereschenbäumchen ragen wie Besen aus der verschneiten Öde und zeichnen mühselig die Linie der Chaussee.

Auf der Höhe von *Schmidtheim* krächzen die Raben. Ein ganzer Schwarm der schwarzen Vögel treibt daher. Auf einer einsamen Kiefer fallen sie ein, schlagen mit den Flügeln, daß der Schnee von den Zweigen stiebt, und reißen gierig die Schnäbel auf. Sie erwarten Fraß.

Mit der hereingebrochenen Nacht hatte der Wind sein Blasen eingestellt. Auch das Schneien hatte jetzt aufgehört, nur ganz vereinzelte Flocken stiebten noch nieder. In einer großen Klarheit spannte sich plötzlich der Himmel, hoch und kalt, in seiner unermeßlichen Weite mit Sternen besät. Die blinkten und zuckten; es war etwas Grausames in dem blanken, bleichen Licht, das sie niedersandten aufs gestorbene Bergland.

Clara Viebig, *1860 Trier †1952 Berlin
Eifeldichterin
Novellen und Romane aus der Eifel, Düsseldorf, Berlin und Posen
Das Kriegsandenken (Erstveröffentlichung 1902), in: Naturgewalten 1905
© Rhein-Mosel-Verlag, Briedel

Der Wind hat Schnee an die Westseite des mit Dachpfannen verkleideten Hauses geweht. Hinter dem Fenster hocken die Kinder. „Wie kleine gefangene Vögel", notierte Joseph Jeiter auf der Fotorückseite.
(Foto: Joseph Jeiter, vierziger Jahre)
Text zum Foto: Ingo Konrads: Vergessenes Land - Wiederentdckte Eifelfotos von Joseph Jeiter, Aachen, 1996

1904   Totenstille im Venn

Weiße Nebel flattern über den Sümpfen.
Die Luft ist schwül und riecht nach Moder.
Abend im Venn!

Heiß und dumpfig liegt's auf den endlosen Flächen blühenden Heidekrauts. Ein rötlicher Farbenton spielt in das matte Blau der Höhen, die im fernen Dunstkreis hängen. Alles verschwimmt in eins, Himmel und Einöde! Rot schillert in Gold, blau in Gold, grün in Gold! Das ganze Moor zittert, flirrt, träumt unter den waagerecht über ihm sengenden letzten Sonnenstrahlen! Auf die Wassertümpel lodert die feurige Glut nieder. Darunter brodelt und sickert der breiige Sumpfboden.

Schillernde Käfer kriechen über den Schlamm und schleichen an dem gelben Ginster und dem Sumpfgras hinauf.

Es ist ganz still im Venn, es ist totenstill.

Da kommen feuchte Luftwellen vom fernen Meere herüber und wühlen in den blühenen Heidebeersträuchern und den weiten Strecken des Heidekrauts. Im Sumpfgras schreckt die Giftnatter auf und ringelt durchs Gestrüpp, übers Gestein, zwischen Torfstücken hindurch in den heißen moderigen Unterschlupf unter das Heidekraut.

Wo ein Haufen zusammengeworfener Torfstücke mitten in der blühenden Heidestrecke liegt, stößt eine Krähe auf mit wildem Flügelschlag quer durch den Sonnenflimmer, - und ein Kopf taucht auf, steil und fahlgelb das Haar, und weil's so wirr ist, kleben die Heideblüten darin.

Nanny Lambrecht, *1868 Kirchberg/Hunsrück, †1942 Schöneberg/Sieg
Lehrerin in Malmedy, dann freie Schriftstellerin
Was im Venn geschah, 1904

Vennlandschaft.
(Vorkriegs-Foto: Matthias Schwickerrath)

1913   Blumenwunder

Für die Eifelmaler hat besonders das Hochland der Nordeifel, das Gebiet des alten Eifelgaues und der nach allen Himmelsrichtungen abfallenden Quellbäche, seine großen Reize.

Zwei hohe Zeiten hat hier das Gebirge, eine, wenn der Ginster, und die andere, wenn die Heide blüht. Der Ginster überstreut Weiden und Bergabhänge mit üppigem Golde. Er bedeckt Heidestrecken des Hochplateaus bis zum fernen Horizont mit Gold, das bei Wolkenschatten matt und in leicht bräunlicher Abtönung daliegt, im Sonnenlicht aber gleißend über die Höhe zieht wie eine Jubelfanfare des Lenzes. Wunderbar ist der Gegensatz, den eine trotzige, finstere Burgruine wie *Reifferscheid* dann zu ihrer Umgebung, den von Gold überrieselten Felshängen ihres Tales, schafft.

Köstlich sind dann auch die Blumenwunder, die im Frühling zwischen den Ginsterbüschen und verkrüppelten Kiefern auf dem weiten, von ewigem Wind überfluteten Höhenland sich offenbaren. Der Alant wiegt seine orangefarbigen Blütenköpfe; aus metallisch glänzenden, straffen Gräsern schauen weiße Wucherblumen, schlanke, violette Skabiosen, rosafarbige Malven und unzählige kleine gelbe, blaue und rote Blumensternchen. Im sicheren Ginsterversteck aber steht gleich einem verwunschenen Königskind die schlanke, weiße Platantere.

Herzbewegend ist aber auch die Zeit der Heideblüte. Der Zug leiser, träumerischer Melancholie liegt verstärkt über der Landschaft mit ihren rosafarbigen Heidepolstern, über die der dunkle Tannenwald seine Schatten wirft.

Hermann Ritter, *1864 Köln †1925 Köln
Lehrer (Stolberg, Hellenthal)
Heimatkundler, Schriftsteller
Die Eifel, in: Gartenlaube, Nr. 35, 1913

Im Frühling
(Gemälde von Heinrich Hartung um 1890)

1913   Pflege der Heimatliebe

Soweit die Kunde von den Bewohnern der Eifel zurückreicht, zeigt sich, daß stets ein arbeitstüchtiges, munteres, der Heimatscholle treues Bauernvolk die Gebirgslandschaft besiedelt hat. Die nachweisbar ältesten Bewohner, Gallier oder Kelten, die in dem letzten Jahrtausend vor Christi einwanderten, waren bereits Träger eines eigenartig ausgeprägten Lebens. Sie wohnten in weiten, offenen Dörfern; Bauten von Holzfachwerk bildeten ihr Heim. Als befestigte Wohnplätze und Zufluchtsorte dienten ihnen die sogenannten Ringwälle, wie der Ring bei *Otzenhausen,* die Ditzenley bei *Gerolstein,* der Steinberg bei *Daun* und andere. Ihre Eigenart bewahrten die Kelten auch, als die Römer siegreich in ihr Land, in die Eifel bis an den *Rhein* und die *Mosel* vordrangen und sie selbst unterwarfen. Vor allem behaupteten sie neben der lateinischen Amtssprache ihre angeborene Mundart.

Wenn es vielfach auch nur trümmerhafte Überlieferungen sind, mit denen das alte Eifeler Bauernleben in die Gegenwart hineinragt, so muß man sich doch freuen, daß sie im Zeitalter des Automobils und des Luftschiffes überhaupt noch da sind. Viele von ihnen sind der dauernden Erhaltung wert, manche, die früher einmal waren, der Wiederbelebung würdig. Möge vor allem die alte Eifeler Dorffröhlichkeit in den Festen und Spielen weiter blühen und der nachbarliche Zusammenhalt mit seinen sinnigen Bräuchen niemals sich lockern. Wer sich der Pflege der Heimatliebe und der Förderung des Heimatsinnes vor allem auf dem Lande widmet, leistet dem ganzen Vaterlande einen großen Dienst.

Dr. Adam Wrede, Volkskundler (Verfasser der "Eifeler Volkskunde")
Eifeler Bauernleben in Sitte und Brauch
In: Eifel-Festschrift zur 25jährigen Jubelfeier des Eifelvereins
HG. Alfred Herrmann, Bonn 1913

Dolomitenlandschaft der Vulkaneifel bei Gerolstein 1938.
(Foto: Fredy Lange)

Vennwilde Einsamkeit

Das Land des Hohen Venns, der jungen *Rur,* das ist das **Monschäuer Land**.

Ein Land, abseits des Weges und doch offener und verborgener Schönheiten voll. Darüber wölben sich düstere, schweigende Moore, schatten meilenweit die unergründlichen Wälder. Darinnen rauschen in wilder Felsenenge die schäumenden Bäche, springen kristallklar die Quellen, die "Seifen", zu Tal. Wie ein frischer, ungebärdiger Knabe und Jüngling bricht sich bis ins Niederland durch die Barre des Schiefergebirges die junge Rur ihre Bahn.

Dieser jähe, bald starre, bald weit ausbiegende Lauf schafft Schönheiten ganz anderer Art als die weite, wüste Einsamkeit des Hohen Venns. Sie sind versteckter, aber auch heiterer als das auch unter der blanken Himmelskuppel grausende, scheinbar regungslose Moor, als die in unendlichen Tiefen schattenden Wälder. Bunter, kecker sind da drunten an der *Rur* die Wohnungen, die Menschen. Da drunten schwingen sich eigenwillig, jedwedem Bau nach Schnur und Regel trotzend, die bretterverschlagenen Giebel; da blitzen die schlanken Schieferdächer keck und lustig in der lächelnden Sonne. Da droben duckt sich hinter hohen Schutzhecken das oft noch moosige, stroherne Dach fast bis auf den Boden. Da verbirgt scheu und einsam in alleinstehender Vennhausung der Bauer Stube, Stall und Scheune. Er will allein sein. Will nicht wie die Städter drunten im engen Tale Haus an Haus kleben, will nicht in Nachbars Topf und Bettlade gucken, will nicht, über tausend Nichtigkeiten klatschend, schwatzend, lästernd die Zeit vertrödeln. Zu hart ist hier oben das Leben, zu nah das Grausen der vennwilden Einsamkeit.

Dr. phil. Ludwig Mathar, *1882 Monschau, †1958 Monschau
Studienrat, Schriftsteller
Monschau und das Monschäuer Land
In: Rheinische Heimatblätter Oktober 1926

Monschau
(Vorkriegs-Foto: Cornely, Düren)

1926   Das Geheimnis der Eifel

Über den Weinbergen der *Mosel* brütet in diesen Frühherbsttagen südliche Sonne, um alles nachzuholen, was der Sommer versäumte. Aber gleich, nachdem die Bahn in das reizende Liesertal einbiegt, weht ein kühlerer Hauch herüber. Hinter **Wittlich** nimmt uns hoher Wald auf. Echter rechter Hochwald mit Schwarzwaldtannen, langbärtigen, ernsthaften. Buchenwälder, in denen die silbergrauen Stämme wie Kirchenpfeiler gegen braunen Laubteppich aufragen, ohne verdeckendes Unterholz. Feierlich und groß.

Nun beginnen auch schon die charakteristischen Felsenklötze der Eifel aufzuwachsen, vom Moos uralter Vergangenheit umwittert. In dem tiefen Bach da unten müssen Forellen sein. Da schon aussteigen und wandern, schlendern ohne Ziel.

Weite grüne Wiesenflächen tun sich dazwischen auf, wo der Wald den Blick freigibt. Buntgeschecktes Vieh belebt sie. Eine alte Frau in einem ganz langen Rock -ja, wahrhaftig, es gibt noch ganz lange Röcke- und mit einem dicken Wolltuch um den Kopf steht als Hüterin dazwischen. Ja, das ist immer mehr Eifel! Und da schaut auch schon bläulichdunkel der vielgipflige *Mosenberg* hinüber, das Wahrzeichen der Gegend, das an **Manderscheid** erinnert, das unvergleichliche.

Der Schwung dieser Berglinien, die weiten Wälder und großen Ausblicke, die ganze Größe, die den Beschauer anderwärts in ihren gar zu gewaltigen Ausmaßen leicht zu erdrücken vermag, neigt sich hier zu ihm hin. Sie wird zu stillem Erleben und Durchdringen. Das ist das Geheimnis der Eifel, die Ursache ihrer Anziehungskraft.

Franziska Bram *1860 Hillesheim, †1932 Lehmen/Mosel
Romanschriftstellerin
Herbstwanderung in der Eifel, in: Rhein. Heimatblätter 10, 1926

Kühehüten auf Ödlandflächen. Das Kühehüten ist heute eine überflüssige Angelegenheit. Früher war das gleich aus mehreren Gründen anders. In der Eifel gab es kaum Weideland. Jedes einigermaßen taugliche Flurstück wurde als Ackerland gebraucht. Dann waren durch die Realerbteilung die Wiesen oft so klein, daß sich eine Umzäunung nicht lohnte. Das Vieh stand also nicht wie heute auf saftigen, gut gedüngten Wiesen, sondern im Wald auf dem Ödland, in der Heide oder an Weg- und Straßenrändern.

(Foto: Joseph Jeiter, dreißiger Jahre)

Text zum Foto: Ingo Konrads: Vergessenes Land - Wiederentdckte Eifelfotos von Joseph Jeiter, Aachen, 1996.

1929

Sonntag im Eifeldorf

Es ist ein reifer Sommersonntag. Müde von einer langen Wanderung über die Hochfläche des Gebirges stehe ich plötzlich vor einem kleinen Dorfe, das gleich hinter einem Walde sich an den Hang duckt. Darum hatte ich es vorher nicht gesehen. Nun schreite ich durch die Dorfgasse. Da umfängt mich eine seltsame Ruhe. Ist das Dörflein tot - oder schläft es?

So stille mag es vor Jahrhunderten gewesen sein, wenn das große Sterben im Lande umging. Aber das ist es jetzt nicht. Die holperige Straße strahlt im Sonntagsstaat. Man sieht es deutlich wie noch gestern eine Menschenhand ihr das Kleid gebürstet hat. Sie schmunzelt einen an in ihrer Sauberkeit. Sie ist froh, daß ein Mensch daherkommt, dem sie sich im Sonntagsschmucke zeigen kann. Mein Tritt klingt wie ein helles Lachen.

Auch die Häuschen an ihrem Rande sind nicht tot; sie schlafen nur. Aus den Fenstern blinzelt mit kleinen Augen das heimliche Glück. Die roten Geranien und die blau und weiß gefüllten Fuchsien haben sie bald zugewachsen. Ich gehe weiter und lausche der Einsamkeit. Es ist eine Stille, die man sieht und hört und fühlen kann; man möchte danach greifen und ein Stückchen davon mitnehmen hinaus in die Welt. Gibt es noch irgendwo eine laute Welt? Wo Menschen und Maschinen rasen? Hier steht selbst die Zeit stille. Die Stunden vergehen nicht mehr: man weiß nur, ob es Tag ist oder Nacht.

Nur ein Falter fliegt um die Blüten. Und am allerletzten Haus lüftet eine leise Hand die weiße Gardine hinter dem roten Geranienstock, und ein altes Weiblein schaut heraus, wie aus einem verwunschenen Märchenhaus.

Peter Kremer, *1901 Kaisersesch †1989 Kaisersesch
Oberschullehrer, Erzähler
Heimatschriftsteller
Sonntagsstille im Eifeldorf, in: Eifelvereinsblatt 8/9 1929

Kronenburg, vierziger Jahre.
(Foto: Landesbildstelle Niederrhein, Düsseldorf)

1929   Herrliches Fernbild

Dann nahm der tiefe, dunkle Eifelwald uns auf. Geheimnisvolles Flüstern und Raunen war um uns, so daß uns ein Gefühl stiller Feier überkam. Sehr oft zeigte uns ein kühner Felsvorsprung ein herrliches Fernbild. Tief unter uns im Tale eine Mühle, rauschende Wasser, ein summendes Rad. Oder ein stilles Gehöft hebt die wunschlosen Augen zu den Bergen empor. Nach etwa einstündigem Wandern endet der Wald. Der weite Wanderpfad bringt die großartigsten Aussichten, mächtige Felsen in bizarren Formen entzücken das Auge. An keinen Punkt der Eifel knüpfen sich mehr Erinnerungen an Größe und Pracht, an Unheil und Verfall, als an den Boden des altjülischen Städtchens *Nideggen*.

Leider konnten wir nicht lange verweilen, da wir noch einen weiten Weg vor uns hatten. Hinter *Nideggen* führte uns der Weg in eine ganz andere Umgebung. Die Schlucht wird schmal und eng. Uns zur Seite murmelte ein Bach. Bald hatten wir die *Rur* wieder, die quecksilbrig -ein echtes Bergwasser- dahersprudelte. *Abenden* durchschritten wir und mußten hinter dem Örtchen wieder in die Berge hinauf. *Blens* und *Hausen* lagen zu unseren Füßen. Um uns strebten, teils Buchen-, teils Nadelwälder zum Himmel auf, und überall war Ruhe, tiefe, nervenstärkende Ruhe. Auch einen Aussichtsturm, ureinfach aus Holz gebaut, dessen Treppen nur aus Leitern bestehen, erstiegen wir und hatten einen erstaunlichen Anblick. Zur Rechten schauten wir bis *Düren*; tief im Hintergrunde erhob sich das Siebengebirge wie ein traumhaftes Schattenbild am Horizont. Es dunkelte schon, als wir *Heimbach* erreichten.

Christel Broehl-Delhaes *1904 Eschweiler/Aachen †1943 Düren
Romanschriftstellerin
Eine Wanderfahrt durchs Rurtal, in: Eifel-Kalender für das Jahr 1929

Alt-Düren
(Vorkriegs-Foto: Prof. Dr. Grimme, Aachen)

1931 Sonnige Landstraßen

O ihr weiten, sonnigen Landstraßen der Eifel, wie ich euch liebe!

Manchmal leuchtet ihr von fern, helle Streifen im Grün der Berge; manchmal zieht ihr tief und geheimnisvoll durch schmale Schluchten; aber schön seid ihr immer. Geißblatt und Brombeeren ranken sich an euren Rändern; da sind große, strahlende Sternblumen und fröhliche Vogelbeeren in dunklem Laub, und die prächtigsten von allen, die tiefrosa Fingerhutblüten, neigen sich auf kräftigen Stengeln, üppig und verwegen in ihrer farbenfrohen Schönheit. Ihr sonnigen Landstraßen der Eifel! Wie oft bin ich allein ausgezogen, irgendwohin; und wie schwer war es immer, umzukehren; denn an der nächsten Biegung -wer weiß?- lag vielleicht eine neue Herrlichkeit: ein altes, schiefes Bauernhaus, halb verborgen hinter mächtigen Schutzhecken, strohbedeckt und verwittert. Oder ein Fleck Heide, der erste blasse Blütenhauch darüber! Schön war es, zu wandern früh, wenn du nichts hörtest, als deine eigenen Schritte von den Weideplätzen der Herden; aber schön ist es auch um die Mittagszeit, wenn das Leben zwischen Dörfern und Stadt erwacht; ein paar Schulkinder kommen dir entgegen, langsam und vergnüglich. Aus einem Seitenpfad biegt ein Mädchen, Wassereimer an den Schultern, mit einem weißen Kopftuch, das in der Sonne glänzt. Frauen gehen vor dir her, schwatzend und eilig, große Körbe am Arm. Und dann heimkommend, ein wenig müde, die Hände voll Blumen und das Herz voll Freude über so viel Schönheit: O ihr weiten, sonnigen Landstraßen der Eifel, ich werde euch nicht vergessen!

Elisabeth, Gräfin von Oriola
Stimmungsbilder aus der Eifel
In: Eifelkalender für das Jahr 1931

Stroheich 1949, Kreis Daun.
(Foto: Fredy Lange)

1933 Schönheit der Heimat

Meine Seele hat sie damals in sich aufgenommen, die Eifelbilder; Bilder, die ich nun immer mit mir trage, mich daran erfreuend, wenn ich den Alltag um mich her vergesse, zurückdenkend an eine Zeit, da ich mit Gottes Natur so eng verbunden war.

Bilder sind es, die mich stolz machen auf mein deutsches Vaterland! Weit bin ich da draußen im Ausland herumgekommen, manches Bild prägte sich auch da meiner Seele ein, aber langsam verblassen die und nur einige ganz wenige sind von diesen Bildern auf dem Grunde meiner Seele noch so vorhanden wie ihre Augen sie einst aufgenommen haben.

Ob das einem Weltreisenden, ganz gleich welcher Nation, immer so ergeht? Ob denn alle geschauten Naturschönheiten auch wieder langsam verblassen gegen die Schönheiten seiner eigensten Heimat, seines Vater- und Mutterlandes? Ich glaube das nicht! Selbst die Ausländer können die Bilder unseres Vaterlandes, einmal geschaut, nie wieder vergessen. Ich habe da draußen Ausländer getroffen, die die Schönheiten unseres Vaterlandes als das einzig Wahre vollkommener Schönheiten priesen, obwohl schon Jahrzehnte vergangen waren, seit sie diese erleben durften.

Menschen aller Nationen habe ich in der Eifel getroffen und im Vergleich dazu nur wenige deutsche Wanderer. Mögen daran im allgemeinen wirtschaftliche Nöte die Schuld tragen, aber unter den deutschen Gebirgen gilt für den Deutschen die Eifel als das Aschenbrödel und doch schrieb schon am 20. August 1320 der große Geologe Leopold von Buch an seinen Freund Steininger: "Die Eifel hat ihresgleichen in der Welt nicht!"

Karl Knauft, *1887 Magdeburg †unbekannt
Erzähler, Dramatiker
Mater Eiflia, Bretten/Baden, 1933

Niederstadtfeld 1950, Kreis Daun.
(Foto: Fredy Lange)

1942   Das Lied der Nachtigall

In jener Nacht Ende Mai 1942, als die englischen Flieger einen großen Teil der Stadt *Köln* zerstörten, wurden wir um Mitternacht wach von einem Flugzeug, das hart über unsere Höhen *(Zerkall)* hinwegflog. Kurz nach ihm setzte ein tiefes Summen ein, das einförmige Geräusch vieler gestaffelt fliegender Maschinen, welche die Luft gleichmäßig in großer Höhe durchpflügten. Es war eine ungewöhnlich helle Vollmondnacht mitten zwischen Regentagen. Die Täler waren frei von Nebel, die Sterne standen blaß am Himmel. Ich stand am Fenster und blickte in das stille Tal hinaus. Jenseits hoben sich die waldigen Hänge des Heidkopfs, und darüber stand ein Stern. Aber der Stern begann zu wandern, es war das Positionslicht eines Flugzeuges. Indes 50 Kilometer von uns entfernt Elend und Not ausgebrochen waren, Brände tobten, Häuser zusammenstürzten, Menschen mit sich ins Verderben rissen, begann in unserem Garten eine Nachtigall zu schlagen. Mitten im Dröhnen der Motoren jubelte ihr Lied auf, berückend schön wie seit den Urtagen der Schöpfung. Unberührt von all dem Geschehen unserer wahnsinnig gewordenen Welt ließ diese Kreatur ihr Stimme erschallen, wie sie ihr vom Schöpfer verliehen war. Die reine Stimme der Natur klang aus der Kehle dieses Vogels und erschien uns wesenhafter als das eiserne Toben der Rüstungen zu unseren Häuptern. Müssen wir nicht alle wieder lernen, uns in einen Urzustand zurückzufinden, wir alle, die wir die Stimme der Natur, welche die Stimme Gottes ist, in so fürchterlicher Weise verkennen gelernt haben? War die Stimme dieser Nachtigall nicht das Gebet, dessen unsere Lippen nicht mehr fähig sind?

Armin Renker, *1891 Schoellershammer/Düren †1961 Zerkall
Papierfabrikant, Erzähler, Lyriker, Heimatforscher
Die Stimme der Natur, in: Die Heimat ist das Bleibende; 1954

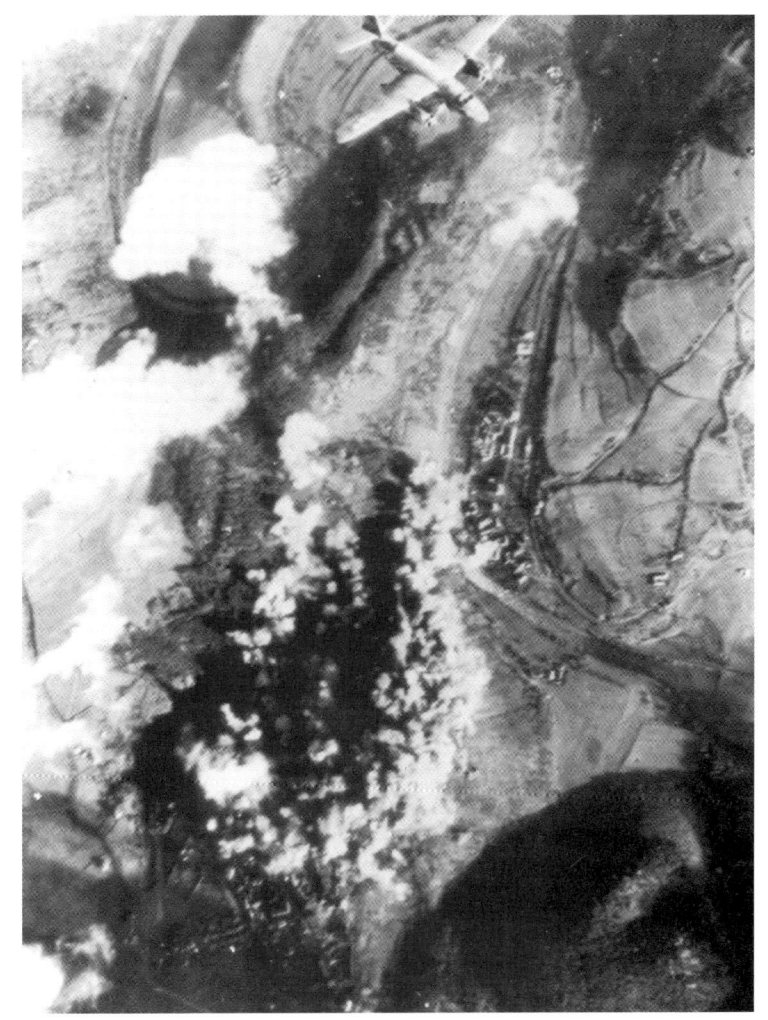

Alliierter Bomberangriff auf den in der Nähe von
Zerkall liegenden Rursee-Staudamm.
(Foto: US-Archiv)

Berg der Seligkeiten

Hier oben, wo mein Hügel (Jakob-Kneip-Berg zwischen **Pesch** und **Harzheim**) sich über Fluren, Weidegründe, grüne Täler und dunkle Wälder zur warmen Wölbung des Himmels erhebt, ruht noch die Erde in Gottes Hand wie am ersten Tage. Fern von den großen Straßen der Welt ragt der Hügel aus den stillen Fluren. Nur Wiesenpfade und steinige Feldwege, wo die Pflüger und Mäher, die Hirten und Wanderer gehen, führen zu ihm hinauf.

Magere Felder und Wiesen bedecken seine Hänge; auf seinem Rücken, wo der Bauer nicht mehr genug Erde fand für seine Saat, haben sich Dornbüsche, struppiges Geheck, Ginster und Heidekraut mit zähem Wurzelwerk den Boden erobert.

Wenn du auf seinem Gipfel einsame Rast hältst, in Ruhe und Schweigen erschließen sich dir unermeßliche Räume jenseits des Tages der Menschen, jenseits der Erde, unter der großen Wölbung des Himmels, unter dem Gang der Sterne. Allertiefste Ruhe strömt in dich ein. Selbst im Wehen des Windes, selbst aus dem Lied der Lerche wehen Ruhe und Frieden deine Seele an. Inmitten solcher Unendlichkeit versinkt der Geist und taucht voll Wonne in dieses Meer der Stille und des Friedens.

Jenseits von Schmerz und Menschenleid, jenseits des Todes klingt das Lied der Lerche über meinen Hügel. Kaum sichtbar noch dem Menschenauge schwebt sie hinauf bis vor das Angesicht des Schöpfers. Ganz Seinem Herzen nah ruht sie auf Seiner Hand.

Mein Hügel, ja, oft will mir scheinen: Du bist der Berg der Seligkeiten.

Jakob Kneip, *1881 Morshausen/Hunsrück †1958 Mechernich
Lehrer, Dichter, Lyriker, Romanschriftsteller
Der Lerchenhügel, in: Heimatkalender Kreis Schleiden 1952

Blick vom Jakob-Kneip-Berg nach NO. Im Hintergrund der Kirchturm von Eschweiler.
(Foto: Sophie Lange)

Umworbenes Wanderziel

Zwei so wesensverschiedene deutsche Landschaftsgebilde wie die Eifel und die Lüneburger Heide weisen eine überraschende Parallele auf in der Stellung, die sie im Bewußtsein der deutschen Öffentlichkeit einnahmen und einnehmen.

Unser heutiges Naturgefühl ist bekanntlich das Ergebnis eines Entwicklungsprozesses. Als "schön" galt jahrhundertelang eine fruchtbare und dem menschlichen Verkehr möglichst bequem offenstehende Landschaft. Erst seit Rousseau, dem jungen Goethe der deutschen Romantik, haben sich Augen und Herzen geöffnet für jene Erhöhung des Lebensgefühls, die uns aus der willigen Versenkung in die von allem menschlichen Nutzgedanken abgelöste Landschaft zuströmt.

Einsamkeit, Einform, Wildnis und Melancholie hörten damit auf, landschaftsverleidende Schreckgespenster zu sein. Der Harz, der Schwarzwald, die Nordseeküste, die Kurische Nehrung mit der grandiosen Verlassenheit ihrer Dünen fanden leidenschaftliche Bewunderer. Nur die Lüneburger Heide und die Eifel -als unwirtlich und öde verrufen- mußten fast noch ein halbes Jahrhundert in ihrer Aschenbrödelrolle verharren.

Heute ist das vergessen, Heide und Eifel gehören seit längerem zu den geliebtesten und umworbensten Wanderzielen unseres Landes. Aber vielleicht gibt dieser Hinweis auf ein langes Verkanntsein schon eine Ahnung von dem abseitigen Reiz der Eifel: wir wissen ja, daß das Aschenbrödel unseres Märchens in Wirklichkeit die allerschönste Prinzessin war.

Werner Bergengruen, *1892 Riga †1953 Baden-Baden
Schriftsteller
Die Eifel, in: Frankfurter Zeitung, 23. Juli 1953

Mayschoß
(zeitgenössische Darstellung von J. N. Ponsart, 1831)

1955   Eifelland-Brückenland

Weitausladend, stromüberspannend bilden Brücken von ferne schon Tore, eifelwärts weisend und eifelerschließend. Brücken tragen von drüben nach hüben die Masse der Menschen über die Strudel des Stromes in die Strudel der Stadt, doch auch weiter westwärts deutend ins Eifeler Land der Höhen und Täler, der Flüßchen und Seen, der Äcker, Wälder und Weiden, tragen müde Menschen aus so mancher Ruhelosigkeit in die Rast, aus der anspannenden Gebundenheit in die entspannende Geborgenheit. Und die großen stromübersteigenden zuführenden Brücken, sie haben ungezählte Schwestern, weniger kühn im Ausmaß, kleinere Brückenschwestern, gewölbt über Eifelwässer und Eifelerde. Sie alle, diese Brücken und Brückchen sind lebenkündende und lebentragende Lichtblicke im Eifelland. Eifelland - Brückenland! Ach, ist die Eifel nicht selbst wie eine große grünende Brücke zwischen Völkern von hüben und drüben? Und die eifelwärts sich bahnenden Brücken am großen Strom wie auch die idyllischen Eifelbrückchen, sind sie nicht wie Symbole der geistigen Brücken im Volk und auch von Land zu Land, Symbol des Verstehens und Denkens, Symbol der Brücken in Brief und Bild und Buch, in Lehre und Leben, Sinnbild auch der Brücken des friedvollen Zueinanderwollens und Zusammengehens in den weltweiten Fragen der Menschheit auf den leuchtenden Höhenweg zur besseren Zukunft? Eifelbrücken sind Einladeruf. Jede von ihnen spricht ihr freundliches "Komm!" Und so komm auch du, der du verlangst von der Stadt in die Stille, vom Grau ins Grüne, von der Betriebsamkeit in die Geruhsamkeit.

Adolf Wollens *15.1.1886 †15.1.1986
Schulrat Hellenthal, Schriftsteller, Berichte, Gedichte
Eifelland - Brückenland, in: Eifel-Kalender 1955

An Oos und Kyll. Allabendlich, wenn sie von der Weide kommen, stillen die Rotbunten ihren Durst an der Mündung des Oosbaches. Nach besinnlichem Verschnaufen zieht es sie in den heimischen Stall.
(Foto: Fredy Lange, 1938)

Weitere Bücher von Sophie Lange, erschienen im Helios-Verlag:

- ❏ Küche, Kinder, Kirche... Aus dem Leben der Frauen in der Eifel   DM 39,80

- ❏ Alt-Eifeler Küche - Band I Kochen   DM 39,80

- ❏ Alt-Eifeler Küche - Band II Backen   DM 39,80

- ❏ Als feines Fräulein hinterm Pflug -
  Das ungewöhnliche Frauenleben der Else Pfefferkorn in der Eifel   DM 29,80

- ❏ Steht die Sonne auf Stippen... -
  Eifeler Bauernregeln und volkskundlicher Wetterglauben   DM 39,80

- ❏ Die Jahreszeiten - Eine literarische Reise durch die Eifel   DM 19,80

- ❏ Eifeler Küche - Mit Kindern kochen, backen und erzählen   DM 38,00

Helios Verlags- und Buchvertriebsgesellschaft
Postfach 39 01 12, 52039 Aachen
Telefon: (02 41) 55 54 26
Fax: (02 41) 55 84 93